BEI GRIN MACHT SICH IHR WISSEN BEZAHLT

- Wir veröffentlichen Ihre Hausarbeit, Bachelor- und Masterarbeit

- Ihr eigenes eBook und Buch - weltweit in allen wichtigen Shops

- Verdienen Sie an jedem Verkauf

Jetzt bei www.GRIN.com hochladen und kostenlos publizieren

Bibliografische Information der Deutschen Nationalbibliothek:

Die Deutsche Bibliothek verzeichnet diese Publikation in der Deutschen Nationalbibliografie; detaillierte bibliografische Daten sind im Internet über http://dnb.d-nb.de/ abrufbar.

Dieses Werk sowie alle darin enthaltenen einzelnen Beiträge und Abbildungen sind urheberrechtlich geschützt. Jede Verwertung, die nicht ausdrücklich vom Urheberrechtsschutz zugelassen ist, bedarf der vorherigen Zustimmung des Verlages. Das gilt insbesondere für Vervielfältigungen, Bearbeitungen, Übersetzungen, Mikroverfilmungen, Auswertungen durch Datenbanken und für die Einspeicherung und Verarbeitung in elektronische Systeme. Alle Rechte, auch die des auszugsweisen Nachdrucks, der fotomechanischen Wiedergabe (einschließlich Mikrokopie) sowie der Auswertung durch Datenbanken oder ähnliche Einrichtungen, vorbehalten.

Impressum:

Copyright © 2018 GRIN Verlag
Druck und Bindung: Books on Demand GmbH, Norderstedt Germany
ISBN: 9783668860568

Dieses Buch bei GRIN:

https://www.grin.com/document/455130

Winfried Kumpitsch

Apokalyptik in der Literatur. "Die Brandmauer" von Henning Mankell

GRIN - Your knowledge has value

Der GRIN Verlag publiziert seit 1998 wissenschaftliche Arbeiten von Studenten, Hochschullehrern und anderen Akademikern als eBook und gedrucktes Buch. Die Verlagswebsite www.grin.com ist die ideale Plattform zur Veröffentlichung von Hausarbeiten, Abschlussarbeiten, wissenschaftlichen Aufsätzen, Dissertationen und Fachbüchern.

Besuchen Sie uns im Internet:

http://www.grin.com/

http://www.facebook.com/grincom

http://www.twitter.com/grin_com

Apokalyptik in der Literatur
Die Brandmauer von Henning Mankell

Seminararbeit
August 2018

Inhaltsverzeichnis

Einleitung..3
1. Systemtheoretische Literaturwissenschaft..3
    1. 1. Niklas Luhmann...4
    1. 2. Siegfried J. Schmidt..5
2. Apokalyptik in der Literatur..6
3. *Brandvägg – Die Brandmauer* von Henning Mankell..........................8
    3. 1. Biographie von Henning Mankell..8
    3. 2. Inhaltsangabe von *Die Brandmauer*......................................11
4. Apokalyptik in *Die Brandmauer*..12
Resümee..16
Bibliographie..17

Einleitung

Im Zentrum meines Referates stand der systemtheoretische Zugang der Literaturwissenschaften. Ebenso wurde in dieser Einheit ein Blick auf die Apokalyptik in der westlichen Literaturgeschichte, auch anhand des Beispiels Henning Mankells *Brandmauer*, geworfen.

Obwohl die Systemtheorie zu Beginn dargestellt wird, wird auf eine Untersuchung der *Brandmauer*, im Sinne einer systemtheoretischen Herangehensweise, hinsichtlich von Elementen der Apokalyptik in dieser Seminararbeit verzichtet, da eine solche, ob der systemtheoretischen Vernachlässigung des literarischen Einzeltextes, einen, für eine einfache Seminararbeit, zu großen Rechercheaufwand darstellen würde.

Nach Darlegung der Grundzüge der Apokalyptik in der Literatur und Darstellung der Biographie Henning Mankells und seiner *Brandmauer*, werden die apokalyptischen Elemente in diesem Werk behandelt.

1. Systemtheoretische Literaturwissenschaft

„*Die Gegenwärtige Literaturwissenschaft präsentiert sich dem außenstehenden Betrachter als Ansammlung der unterschiedlichen Theorien, Methoden, Hilfsmittel und Arbeitstechniken, die auf unterschiedlichste Texte, Medien und Kommunikationssituationen bezogen sind.*"[1] Die Literaturwissenschaft entwickelte also zahlreiche Methoden um Texte von verschiedenen Ansätzen ausgehend deuten und verstehen zu können, wobei die älteste literaturwissenschaftliche Methode der um 1850 entstandene literaturwissenschaftliche Positivismus war.[2]

Es wurde aber auch versucht Theorien aus anderen Disziplinen für die Literaturwissenschaft fruchtbar zu machen.[3] In den 1980ern entwickelte Luhmann aus den soziologischen Paradigmen der sozialgeschichtlichen Zugänge die Systemtheoretische Literaturwissenschaft. Diese Zugänge nehmen das Verhältnis von Gesellschaft und Literatur als Untersuchungsgegenstand, wobei Literatur als ein Sozial-, Handlungs-, und

---

[1] Wilhelm Solms: Die Methodologisierung der Literaturwissenschaft: In: Friedrich Nemec, Wilhelm Soms (Hrsg.): *Literaturwissenschaft heute*. München, 1979 S. S. 9.
[2] Alo Allkemper, Norbert Otto Eke: *Literaturwissenschaft*. Paderborn, 2010 S. 166-67.
[3] Sabina Becker: *Literatur- und Kulturwissenschaften: Ihre Methoden und Theorien*. Reinbek, 2007 S. 7.

Kommunikationssystem gefasst wird.[4] Ein Schwerpunkt der Luhmanschen Theorie liegt auf dem Autopoiesis-Konzept, da in diesem angenommen wird, dass sich die Systeme selbst herstellen.[5]

1. 1. Niklas Luhmann

Bei Luhmann werden Kunst und Literatur als autonome Teilbereiche in der Gesellschaft verstanden. Der Literaturbegriff bezieht sich bei ihm nicht auf textimmanente Komponenten oder Textstrukturen, sondern er versteht Literatur als ein sich selbst organisierendes autonomes, eben autopoietisches System. Dieses literarische System wird aber als ein soziales verstanden, das eben autonom (kaum Referenzen und Bezüge zu anderen Systemen) und ohne Wechselbeziehungen und Interferenzen zu anderen außer-literarischen Systemen existiert, worin eben der Unterschied zur Sozialgeschichte liegt, die von solchen Wechselbeziehungen ausgeht.[6]

Dadurch bleiben aber die Vernetzung des literarischen Diskurses und die Umschreibung des literarischen Textes als Schnittmenge von Diskursen unberücksichtigt. Des Weiteren sind der "Antihumanisms" von Luhmann und die Ansicht, dass nur Systeme kommunizieren könnten, der Mensch aber niemals Teil eines Systems, sondern nur der Umwelt sei, für eine Symbiose von Systemtheorie und Literaturwissenschaft aber hinderlich ist.[7]

Dennoch wird von Vertretern der Systemtheorie betont, dass die Betrachtung der Gesellschaft als ein Gebilde, das sich aus kommunikativen Ereignissen konstituiert, für die Literaturwissenschaft durchaus ergiebig sein kann. Denn Literatur ließe sich ja auch in der Produktions- und Rezeptionsästhetik als ein kommunikativer Akt verstehen und somit als eine soziale Handlung.[8]

Literatur wird also als eine Kette kommunikativer Handlungen und Ereignisse verstanden. In dieser Kette wird der literarische Einzeltext nicht beachtet, da seine Form und sein Inhalt für die Kommunikation innerhalb des Systems bedeutungslos sei. Der Einzeltext wird höchstens noch als ein Ensemble von Texten im Zusammenhang mit der Rezeption dieses Konglomerates behandelt. Wobei die Systemtheorie sich mit zwei großen Fragen konfrontiert

---

[4] Becker, 2007 S. 88.
[5] Dietrich Schwanitz: *Systemtheorie und Literatur: Ein neues Paradigma*. Opladen, 1991S. 54; Harro Müller: Systemtheorie / Literaturwissenschaft. In: Klaus-Michael Bogdal (Hrsg.): *Neue Literaturtheorien: Eine Einführung*. Opladen, ²1997 S. 208.
[6] Schwanitz, 1991 S. 50-51; Becker, 2007 S. 88-90.
[7] Schwanitz, 1991 S. 52; Becker, 2007 S. 90-91.
[8] Becker, 2007 S. 91-92.

sieht deren Beantwortung ihre Aufgaben ist, wenn sie als Theorie ernstgenommen werden will: 1. Wie funktioniert Literatur als ein ausdifferenziertes Teilsystem und wie lässt sich dieses beschreiben? 2. Was sind die Differenzierungsmechanismen des literarischen Systems? Über welche Kategorien und Strategien lässt sich Literatur als System konstituieren, definieren und abgrenzen? Als Differenzierungsmechanismus geht Luhmann hierbei von spezifischen Codes aus. Zunächst hatte er nur den Sondercode "schön/hässlich", den er später um die Antagonismen "interessant/langweilig", "misslungen/gelungen", "verständlich/nicht verständlich" erweiterte. Andere Literaturwissenschaftler ergänzten diese mit "überzeugend/nicht überzeugend".[9]

1. 2. Siegfried J. Schmidt

Der bedeutendste Weiterdenker der luhmannschen Theorie war Siegfried J. Schmidt. Dieser forderte einen Paradigmenwechseln von einer hermeneutischen zu einer empirischen Literaturwissenschaft. In seinem Ansatz wird Literatur als ein System der Rezeption, Vermittlung und Bewertung literarischer Texte untersucht, deren Produktion aber erneut unberücksichtigt bleibt.[10] Alle wesentlichen Faktoren sind der Rezeptionsästhetik entnommen.[11] Einfluss hat aber auch die Linguistik, besonders die von John Austin. Dieser vertrat die Ansicht, dass Sprache und Sprechen an die spezifische Situationen gebunden werden kann und dadurch abweichende Bedeutungen konkreter sprachlicher Äußerungen feststellbar seien. Zusätzlich übernimmt Schmidt auch konstruktivistische Überlegungen zur Wahrnehmung von Wirklichkeit.[12]

Bei Schmidt wird der literarische Text als eine Teilhandlung innerhalb des System Literatur verstanden, wodurch all jene Handlungen von Interesse sind, die um das literarische Objekt vollzogen werden. Diese sind die Vermarktung, das Lesen, die Kritiken, der Verkauf, die Rezeption; aber auch die Regeln, die Normen und die Konventionen des Systems, da sie den Produktions- und Rezeptionsprozess lenken und dadurch die konstituierenden Faktoren für das System bilden. Es wird also im Sinne einer empirischen Literaturwissenschaft und des philologischen „scientific turn" das Funktionieren von Kunst, gleichermaßen wie ihre Funktion innerhalb des Systems, mitbedacht. Hierbei werden die Autoren, wie die anderen

---

[9] Schwanitz, 1991 S. 67; Becker, 2007 S. 92-93. Das letzte Begriffspaar ist ironischerweise die Frage die sich jeder bei der Beschäftigung mit der Systemtheorie stellt.
[10] Becker, 2007 S. 94.
[11] Becker, 2007 S. 84-86; 94; 97.
[12] Becker, 2007 S. 95.

Aktanten auch, im Hinblick auf ihre Rollen innerhalb des systeminternen Vermittlungsprozess von literarischen Texten verortet. Diese Rollen sind der des Produzenten, Vermittlers und Rezipienten. Aufgrund des Systemverständnisses ist die Kommunikation über die Literatur wichtiger als der literarische Text selbst, weshalb auch keine Fragen hinsichtlich der inhaltlichen Aussagen oder gar ästhetischer, stilistischer, sprachlicher und rhetorischer Aspekte getätigt werden. Daher wird auch die Suche nach dem Sinn, der "richtigen" bzw. "wahren" Bedeutung eines Textes zur Gänze abgelehnt.[13]

Der Hauptkritikpunkt an diesem Ansatz ist, dass durch die Ablehnung der Untersuchung von semantischen Dimensionen und Bedeutungen aber die wesentliche Faktoren der Entstehung, Aufnahme und Wirkung von Texten, also dem Erkenntnisinteresse (!), unberücksichtigt bleiben.[14]

2. Apokalyptik in der Literatur

„Entgegen dem umgangssprachlichen Wortgebrauch meint die Rede von der ›Apokalyptik‹ nämlich bedeutend mehr als eine resignative Weltuntergangsstimmung angesichts bedrängender Vergangenheit, quälender Gegenwart und beängstigender Zukunft."[15] Apokalyptik im biblisch-christlichen Sinne bezieht sich auf das urchristliche Bekenntnis zum Auferstandenen und damit zur Auferweckung der Toten.[16]

In der Apokalypse des Johannes finden sich daher schon die zwei, ab nun miteinander verbundenen, Gesichtspunkte, die für die christliche Apokalyptik typisch geworden sind, nämlich das Weltende durch Zerstörung der Welt und der Neuanfang durch Gründung des neuen Reiches durch Gott. Das Ende der Welt stellt die zwingende Voraussetzung für das himmlische Jerusalem, sprich für den neuen Anfang dar, wobei eben zuerst die endgültige Beseitigung des Satans erfolgen muss, damit die neue Erde und der neue Himmel auch

---

[13] Becker, 2007 S. 95-97.
[14] Becker, 2007 S. 94.
[15] Gerda Riedl: Vorwort. In: Gerda Riedl, Manfred Negele, Christian Mazenik (Hrsgg.): *Apokalyptik. Zeitgefühl mit Perspektive?* Paderborn, 2011 S. 7.
[16] Jürgen Manemann: Zeit und Frist. Ein Plädoyer für die Not-Wendigkeit apokalyptischen Denkens. In: Gerda Riedl: Vorwort. In: Gerda Riedl, Manfred Negele, Christian Mazenik (Hrsgg.): *Apokalyptik. Zeitgefühl mit Perspektive?* Paderborn, 2011 S.71.

Wirklichkeit werden können.[17] So versteht auch Valentin die ›Apokalyptik‹ als jüdisch-christliche Texte, deren *„primäre Intention in der Machtkritik [...] [und] des Trostes"* liegt.[18] Dieses theologische Verständnis von Apokalyptik hatte Einfluss auf die in der frühen Neuzeit verfassten Utopien der weltlichen Literatur. Anders als in der Apokalypse ist aber das jeweils beschriebene Utopia ein satirischer und pragmatischer Gegenentwurf zur eigenen Gesellschaft. Dies ändert allerdings nichts daran, dass die Erzählstruktur eine apokalyptische ist, denn die jeweils beschriebene ideale Gesellschaft erhält nur dann ihre besondere Wirkung, wenn man eine Ausweglosigkeit und Untergangsperspektive für die historische europäische Gesellschaft mitdenkt, sofern dieser Bezug nicht im Text selbst hergestellt wird.[19]

Ebenfalls mit der Apokalypse teilen die Utopien, dass die idealen Gesellschaften nicht Produkt einer geschichtlichen Entwicklung sind, sondern in einem fertigen Zustand präsentiert werden. Der wesentliche Unterschied liegt nun darin, dass die Apokalypse eine prophetische Rede darstellt, während die Utopien bloß Möglichkeiten präsentieren. Dies gilt auch für die Anti-Utopien und Dystopien des 20. Jahrhunderts, denn auch diese zeigen einen möglichen Verlauf auf, wenn auch das satirische Element stark in den Hintergrund getreten und dafür die Mahnung vor bestimmten Entwicklungen ausgeprägter ist.[20]

Im Gegensatz zu den Utopien, die sich erst im 20. Jahrhundert von den direkten Einflüssen christlicher Apokalyptik lösten, war die nach den beiden Weltkriegen entstandene literarische Apokalyptik in der Mehrheit säkular geprägt. Sie weisen zwar die, auch auf die christliche Apokalypse übertragbaren, Strukturmerkmale von "Totalität", also alle Menschen betreffend; "Entropie", Auflösung jeglicher Ordnungsstrukturen und Systeme; sowie "Irreversibilität", Unaufhaltsam- und Unumkehrbarkeit des Prozesses; auf, sind aber in den meisten Fällen ohne die Heilsaussicht auf eine bessere Welt.[21]

Im Allgemeinen werden laut Langenhorst im deutschen Sprachraum fünf Phasen spezieller Apokalyptikaffinität in der Literaturwissenschaft unterschieden, wobei sich die fünfte mit keinem speziellen Zeitraum befasst, sondern mit den *„[...]einzelne[n] besonders apokalyptisch-sensible[n] SchriftstellerInnen, in deren Werk wiederholt*

---

[17] Wolfgang Braungart: Apokalypse und Utopie. In: Gerhard R. Kaiser (Hrsg.): *Poesie der Apokalypse*. Würzburg, 1991 S. 65.
[18] Joachim Valentin: Apokalypse. In: Daniel Weidner (Hrsg.): *Handbuch Literatur und Religion*. Stuttgart 2016 S. 318.
[19] Braungart, 1991 S. 68-69.
[20] Braungart, 1991 S. 70.
[21] Gunter E. Grimm, Werner E. Faulstich, Peter Kuon (Hrsgg.): *Apokalypse Weltuntergangsvisionen in der Literatur des 20. Jahrhunderts*. Frankfurt am Main, 1986 S. 9-10.

Weltuntergangsvisionen anklingen – weitgehend unabhängig vom gesellschaftlichen Umfeld, eher im Blick auf das private Einzelleben."[22]

Die erste Phase wird in die Jahre 1910-1920 datiert und ist geprägt vom Gefühl des Zusammenbruchs des damals bürgerlichen Weltbildes und der Utopie der Machbarkeit und äußert sich in expressionistischer Lyrik, die zum Teil biblische Motive verwendet. Die zweite Phase fällt in die Jahre 1933-1945. Vor allem diese Zeit ist geprägt von christlicher Literatur, in der neben dem Schrecken der Zeit auch die Hoffnung auf die Parusie betont wird. Die dritte Phase betrifft die 1950er und 60er Jahre, in der trotz der Wiederaufbaumentalität immer wieder Gedicht und Romane apokalyptischen Inhaltes als Warnung vor einem allzu zerbrechlichen Frieden verfasst wurden. In den 80er Jahren wird dann die vierte Phase festgemacht und vor allem nach dem Reaktorunfall in Tschernobyl, wurde der, natürlich auch schon zuvor vereinzelt thematisierte, Ökozid in Bewusstsein der Menschen verankert und fand in all seinen Formen Eingang in zahlreichen apokalyptischen Werken. Die fünfte Phase umfasst, wie oben ausgeführt, keine historische Zeit, sondern Autoren, in deren Werken das entscheidende der Apokalypse sich in der inneren Erfahrung einzelner Menschen widerspiegelt, wobei Bezüge zum Untergang der Außenwelt durchaus auch vorhanden sein können.[23]

3. *Brandvägg* – *Die Brandmauer* von Henning Mankell

1998 erschien der achte Band von der zwölfteiligen Kriminalromanserie, deren Hauptfigur Kurt Wallander darstellt. Danach machte Mankell eine Pause, schrieb 1999 *Pyramiden* (2002 *Wallanders erster Fall*) und setzte erst 2002 die Serie mit *Innan frosten* (2003 *Vor dem Frost*) fort.

3. 1. Biographie von Henning Mankell

Henning Mankell wurde am 3. Februar 1948 in Stockholm als Sohn von Ivar Henningsson Mankell und Ingrid Birgitta Mankell geboren.[24] Nachdem die Mutter bereits 1949 die Familie verlassen hatte und die Scheidung abgeschlossen war, zog Mankells Vater 1950 mit den drei

---

[22] Georg Langenhorst: Apokalyptische Strömungen in der deutschsprachigen Literatur. In: Gerda Riedl, Manfred Negele, Christian Mazenik (Hrsgg.): *Apokalyptik. Zeitgefühl mit Perspektive?* Paderborn, 2011 S. 229-250.
[23] Langenhorst. 2011 S. 230-231.
[24] Kirsten Jacobsen: *Mankell über Mankell. Kurt Wallander und der Zustand der Welt.* München, ²2015, S. 67.

Kindern Helena, Henning und Gustav nach Sveg.[25] Seine Kindheit endete nach eigenen Angaben 1958 mit dem Schlaganfalls seines Vaters.[26] Da es in Sveg kein Gymnasium gab, zog die Familie 1960 nach Boras.[27] *„Das erste, was er je geschrieben habe, sei ein einseitiger Aufsatz über Robinson Crusoe gewesen, verriet Mankell auf seiner Internetseite. "Das war der Moment, in dem ich Schriftsteller geworden bin.""*[28]

Bereits mit 15 Jahren arbeitete Mankell bei der schwedischen Handelsmarine[29], da er die Schule abgebrochen hatte. Im Zuge seiner Wanderschaft kam er auch nach Paris. 1965 kehrte der 17-jährige nach Stockholm zurück und bekam eine Regieassistenstelle am Riks Theater. 1966 verfasst er dann sein erstes Theaterstück *The Amusement Park*.[30]

1969 starb Mankells Mutter. 1972 hielt er sich in Oslo auf und nahm auch an linken Demonstrationen teil. Aufgrund seiner Kontakte in der linken Szene erhielt er rasch eine Regiearbeit am Theater. Im April verstarb dann Mankells Vater.[31]

Ebenfalls 1972 beendete Mankell sein erstes Buch und schickte es an einem Verlag,[32] welcher dieses annahm und 1973 Mankells ersten Roman *Bersprängaren* (1998 *Der Sprengmeister*) veröffentlichte.[33]

Seit 1979 erschienen alle Romane Mankells im, damals von seinem späteren Lektor Dan Israel geleiteten, linken Verlag Ordfront, die Kinderbücher hingegen bei Rabén&Sjögren.[34]

Schon als Kind träumte Mankell davon, den afrikanischen Kontinent zu bereisen. 1971-1989 hatte Mankell daher mehrjährige Aufenthalte in Afrika, und hielt sich bis zu seinem Tod immer wieder am schwarzen Kontinent auf. Von 1980-81 war Mankell in erster Ehe mit Ulla Blom Ivarsson verheiratet. Der gemeinsame Sohn Jon wurde 1980 geboren.[35]

1985 wurde er nach Ende der portugiesischen Herrschaft gebeten sich am Aufbau einer professionellen Theatergruppe in Maputo, Mosambik, zu beteiligen. Daraufhin war er seit 1986 Leiter des Teatro Avenida. In zweiter Ehe war Mankell dann 1987-91 mit der Hebamme Kari Eidsvold-Mankell verheiratet.[36]

---

[25] Jacobsen, 2015 S. 23-24; 67.
[26] Jacobsen, 2015 S. 80.
[27] Jacobsen, 2015 S. 25.
[28] Spiegel Online: Henning Mankell ist tot [abgerufen am 1.8.2018].
[29] Mankell, 2017 S. 187.
[30] Jacobsen, 2015 S. 99; dtv hanser: Biografie von Henning Mankell [abgerufen am 3.8.2018].
[31] Jacobsen, 2015 S. 100; dtv hanser: Biografie von Henning Mankell [abgerufen am 3.8.2018].
[32] Mankell, 2017 S. 227.
[33] Jacobsen, 2015 S. 104.
[34] Jacobsen, 2015 S. 112.
[35] Jacobsen, 2015 S. 107.
[36] Jacobsen, 2015 S. 35; dtv hanser: Biografie von Henning Mankell [abgerufen am 3.8.2018].

Im Mai 1989, nach seiner Rückkehr nach Schweden, erschuf Mankell die Figur des Kriminalkommissars Kurt Wallander, um gegen den Rassismus in Schweden aufzutreten. 1991 erschien der erste Band der Wallanderreihe *Mördare utan ansikte* (1993 *Mörder ohne Gesicht*), bis zum letzten Wallanderfall 2009 *Den orolige mannen* (2010 *Der Feind im Schatten*), erschienen insgesamt zwölf Bücher.[37]

In vielen Romanen und Thrillern brachte er seine Erlebnisse in Afrika zu Papier. Weithin bekannt wurde dann sein Afrikaroman, der 1995 unter den Titel *Comédia infantil* (2000 *Der Chronist der Winde*) erschienen ist.[38]

1998 heiratete Mankell in dritte Ehe die Theaterregisseurin Eva Bergmann, die zweite Tochter des Theaterregisseurs Ingmar Bergmann.[39] Im Jahr 2001 begründete Mankell mit seinem Lektor Dan Israel den Leopard Förlag, um auch die Werke außer-europäischen Autoren nach Schweden bringen zu können.[40]

Während alle auf die Fortsetzung der Wallanderreihe warteten, erschien 2000 ein anderer Kriminalroman, nämlich *Danslärarens återkomst* (2002 *Die Rückkehr des Tanzlehrers*), der von der Aufklärung zweier Mordfälle durch den Polizisten Stefan Lindman handelt.[41]

Mankells mehrsprachiges Theaterstück *Butterfly Blues*, das die Situation afrikanischer Immigranten thematisiert und das er auf Initiative des Grazer Schauspielhauses geschrieben hatte, wurde 2003 gemeinsam mit dem Teatro Avenida in Graz aufgeführt.[42]

Anfang 2014 wurde bei Mankell Krebs festgestellt. *„Ohne es genau sagen zu können, warum datiere ich den Beginn meiner Krebserkrankung auf eben diesen Tag, den 16. Dezember 2013*[43], so hielt er es in seinem vorletzten Buch *Kvicksand* (2015 *Treibsand: Was es heißt, ein Mensch zu sein*) fest, das er verfasste, als die Chemotherapie gut verlief und er sehr zuversichtlich war.[44] In dieser Zeit schrieb er auch regelmäßig Kolumnen. In einer, in "Göteborgs Posten", hielt er fest: "Ich höre Menschen sagen: 'falls' ich sterbe, aber zum

---

[37] dtv hanser: Biographie von Henning Mankell. [abgerufen am 3.8.2018].
[38] Spiegel Online: Henning Mankell ist tot [abgerufen am 1.8.2018].
[39] Jacobsen, 2015 S. 32.
[40] Jacobsen, 2015 S. 118.
[41] Spiegel Online: Henning Mankell ist tot. [abgerufen am 1.8.2018].
[42] dtv hanser: Biographie von Henning Mankell. [abgerufen am 3.8.2018].
[43] Henning Mankell: *Treibsand. Was es heißt ein Mensch zu sein*. München, 2017 S. 17.
[44] Martin Scholz: „Ich hatte ein fantastisches Leben". In: https://www.welt.de/kultur/literarischewelt/article147239728/Ich-hatte-ein-fantastisches-Leben.html [abgerufen am 1.8.2018].

Teufel, es heißt 'wenn' ich sterbe - der Tod ist das einzige, dessen wir uns ganz sicher sein können."[45]

Am 5. Oktober 2015 verstarb Mankell in Göteborg. Er hatte im Laufe seines Lebens mehrere Auszeichnungen und Ehrenwürden erhalten und setzte sich unter anderen für die Bekämpfung von Armut, AIDS und Analphabetismus, besonders in Afrika, ein.[46]

3. 2. Inhaltsangabe von *Die Brandmauer*[47]

Der Roman ist zweigeteilt. Im ersten Teil "Der Anschlag", muss Wallander den von zwei Mädchen, Sonja und Eva, mit Hammer und Küchenmesser verübten Mord am Taxifahrer Lundberg untersuchen. Da Sonja während der Vernehmung flieht, erhält der Tod des Programmierers Tynes Falk vor einem Geldautomaten wenig Beachtung, da die Gerichtsmedizin einen Schlaganfall als Todesursache feststellt. Zusätzlich wird Wallander mit einer Anzeige wegen Köperverletzung konfrontiert, da er Eva ohrfeigte, als diese auf ihre Mutter losgehen wollte.

Kurz darauf fällt in ganz Südschweden der Strom aus, da Sonja in eine Transformatorstation gestoßen wurde. Da zeitgleich die Leiche von Falk aus der Pathologie entwendet und an seinem Todesort niedergelegt wird, drängt seine Exfrau nun verstärkt auf eine Untersuchung seines Todes. Dies alles erweckt nun verstärkt Wallanders Aufmerksamkeit und er wendet sich diesem Todesfall intensiver zu.

Die Dinge kommen ins Rollen als Wallander die Zweitwohnung Falks findet. In dieser befindet sich neben einem verstecktem Schrein für Falk selbst und Zeichnungen der Transformatorstation in der Sonja starb, auch ein Computer der mit zahlreichen, den Roman den Titel gebenden, Firewalls (Brandvägg; Brandmauern) gesichert ist, weshalb der vorbestrafte Hacker Robert Modin hinzugezogen wird.

Unterdessen hatte Wallander über seinen dienstlichen Computer, auf Anraten seiner Tochter Linda, eine Kontaktanzeige aufgegeben, auf welche sich schließlich Elvira Lindfeldt melden wird.

---

[45] Spiegel Online: Henning Mankell ist tot [abgerufen am 1.8.2018].
[46] dtv hanser: Biographie von Henning Mankell [abgerufen am 3.8.2018]; Spiegel Online: Henning Mankell ist tot [abgerufen am 1.8.2018].
[47] Henning Mankell: *Die Brandmauer*. München, ²2010.

Im zweiten Teil "Die Brandmauer" wird die Person Carters eingeführt. Der Leser erfährt nun, dass sich Falk und Carter bereits in den 70ern in Angola kennen gelernt und einen Plan zur Zerschlagung der westlichen Wirtschaftsabkommen und Unternehmen gefasst hatten.

Die teilweise erfolgreichen Versuche Modins sich Zugriff auf Falks Computer zu verschaffen - so gelingt es ihm etwa die Zahl 20 als bedeutsam zu erkennen und mit dem nahen 20. Oktober in Verbindung zu bringen - bleiben von Carter nicht unbemerkt. Da dieser den Dienstcomputer von Wallander überwacht, erfährt er auch von der Kontaktanzeige und entsendet Elvira Lindfeldt.

Im Fall Lundberg stellt sich heraus, dass Sonja vom Sohn des Taxifahrers vergewaltigt worden war und die Ermordung des Vaters einen Racheakt darstellte. Ungeklärt bleibt aber noch immer von wem Sonja ermordet wurde. Die Hoffnung, dass ihr Freund Jonas Licht in die Angelegenheit bringen könnte verstärkt sich, als man feststellt, dass Jonas sich auf der Flucht befindet, erlischt aber als er bald darauf ermordet aufgefunden wird.

Modin befürchtet inzwischen, dass jemand über seine Aktivitäten an Falks Computer Bescheid weiß und taucht unter. Diese Furcht stellt sich als begründet heraus, denn Wallander ist gegenüber Elvira allzu freigiebig mit Ermittlungsinformationen, darunter auch über Modins Arbeit.

Während ein Mordanschlag auf Wallander fehlschlägt, reist Carter nach Schweden ein um, falls nötig, die Sache selbst in die Hände zu nehmen. Inzwischen hat Modin Kontakt zu Wallander aufgenommen. Dieser möchte Modin sicher unterbringen und bringt ihn zu Elvira.

Am nächsten Morgen ist Elvira tot und Modin verschwunden. Gleichzeitig erkennt man, dass das Ziel von Carter die Sabotage der Weltwirtschaft ist. Da man die Benutzung eines Geldautomaten als Auslösehandlung identifiziert, beschließt Wallander jenen Geldautomaten zu überwachen vor dem Falk verstarb. Als Carter dort mit Modin als Geisel auftaucht, kommt es zu einem Schusswechsel, in dessen Verlauf Carter stirbt.

Am Ende des Buches wird Wallanders Anzeige wegen Körperverletzung fallen gelassen und Linda erklärt ihrem Vater, dass sie Polizistin werden möchte.

4. Apokalyptik in *Die Brandmauer*

In *Die Brandmauer* gibt es einerseits einzelne Elemente die eine Zuordnung in einen religiösen Kontext ermöglichen, andererseits ist der Plan von Carter und Falk die

Weltwirtschaft zu zerstören mit Zügen der Apokalypse vergleichbar.[48] Koch nennt als Beispiele für apokalyptische und millenaristische Motive:

> *„Die Verschlimmerung der Zustände, die Zukunftsorientiertheit des Ermittlers, die Reuelosigkeit der Täter, das Offenbaren und Verbergen, die Selbstmessianisierung der Saboteure, der erwähnte Start einer neuen, gerechteren Welt, Zahlenspekulation um den Zeitpunkt des Untergangs bzw. Weltenwechsels (in Brandmauer die Zahl 20)."*[49]

Umstritten ist hingegen die Deutung von Carter und Falk als Sektenführer. Während Koch schreibt *„Sie sind Propheten, Charismatiker, die sich mit Bekehrten umgeben. [...] In ihrem „Übermenschengehabe" sind sie wahnsinnige Sektenführer."* und sich somit ganz an die Diktion Mankells[50] anlehnt, gibt Schröter zu bedenken:

> *„Fraglich ist zudem, ob der Vergleich mit dem Sektenführer angemessen ist, da für die Führungsqualität eindeutig eine Gefolgschaft fehlt. Carter und Falk arbeiten zwar, wenn es für ihre Ziele nötig ist, mit anderen Menschen zusammen, aber niemand kennt das Ausmaß ihrer Planungen und Fähigkeiten. [...] Der Begriff „Mitglieder" bleibt jedoch irreführend, da es keine in die Pläne eingeweihten Personen gibt und auch niemanden, der offensichtlich weiß, in welchem Sinne er den beiden zuarbeitet. [...] ohne, dass diese Personen über ihr spezielles Aufgabengebiet, für das sie engagiert wurden, hinaus Interesse am [sic!] Gesamtvorgaben zeigten."*[51]

Diese Kritik ist insofern zu hinterfragen, als es nicht zwingend notwendig sein muss, als einfaches Mitglied einer Sekte über die Ziele informiert zu sein. Nur weil man Teil einer geheimen Gruppierung ist, bedeutet das noch lange nicht, dass man auch in alle Geheimnisse und Ziele eingeweiht wird. Gerade in einer geheimen Gruppierung mit flacher, aber umso absolutistischer Hierarchie, ist es nur natürlich, dass kaum jemand mehr weiß, als er für das Erfüllen seiner Aufgaben wissen muss. Das die Gruppierung mit den Tod der beiden Führer zerfällt unterstreicht nur die absolute Hierarchie mit der sie geführt wurde, und ändert auch nichts daran, dass Mankell mit der Bezeichnung Carter und Falks als *„überzeugte Propheten. [... die] eine geheime und straffe Organisation aufgebaut [hatten ...]"*[52], wohl andeuten will, dass die meisten Mitglieder ihnen gegenüber bedingungslos loyal waren, da sie, durch deren Charisma, von der Richtigkeit ihres Handelns überzeugt worden waren. Die spärlichen Hinweise im Roman lassen daher kein anderes Bild als das einer Sekte zu, die schlussendlich durch die Allmachtsfantasien ihrer beiden Führer zugrunde geht. Denn hätten diese mehr Personen in ihren Plan und den Aufbau der Sekte eingeweiht, hätten diese vielleicht das Erbe weiterführen können, so allerdings *„[...] gab [es keinen Grund], eine Fortsetzung zu*

---

[48] Jeanette Schröter: *Religion im schwedischen Kriminalroman: Die Schwedenkrimis von Larsson, Mankell und Nesser*. Marburg, 2015 S. 129-130.
[49] Anne Koch: Literatur und Religion als Medien einer Sozialethik und –kritik. Ein religionswissenschaftlicher Vergleich der christlichen „Apokalypse" mit Henning Mankells Krimi „Brandmauer". In: Zeitschrift für Religions- Und Geistesgeschichte. 59 (2), 2007 S. 163.
[50] Mankell, ²2010 S. 555.
[51] Schröter, 2015 S. 130-131.
[52] Mankell, ²2010 S. 555.

befürchten. Mit dem Tod Carters und Falks hatte auch die Organisation aufgehört zu existieren."[53]

Die Selbstverehrung Falks[54] lässt laut Koch „[...] an die Anbetung des Tieres in der Johannes-Offenbarung denken (Apk 13, 11-18), die dort römischen Kaiserkult meint (dominus ac deus)." und ist somit als ein weiterer Aspekt des Apokalyptischen in Die Brandmauer zu deuten.[55] Der Einwand Schröters, dass das „[...] zuvor angesprochene Tier der Johannesoffenbarung [...] anhand seines Bildnisses verehrt und gepriesen werden [soll]. Falk fehlt jegliches Publikum, sein Raum ist im Verborgenen errichtet und für keinen Fremden einsehbar. [...] durch seine aufwendige Tarnung ist nicht davon auszugehen, dass er für eine Öffentlichkeit bestimmt war."[56], ist wesentlich überzeugender als es ihre Argumentation über die Sekte war. Die Selbstverehrung ist daher eher als literarischer Topos für Menschen mit (religiös) übersteigertem Selbstverständnis, denn als ein Zitat der Offenbarung des Johannes, zu verstehen.

Weitere Elemente des Apokalyptischen werden auch noch durch die Gedanken Falks und Wallanders eingebracht. Der Kriminalroman beginnt mit dem letzten Spaziergang Falks auf Erden. Der Leser erhält hierbei Einblick in die Gedanken, die ihm durch den Kopf gehen:

> „Sie wissen nicht, was sie erwartet, dachte er. Alle diese Jugendlichen, die in ihren Autos herumfahren und so laut Musik hören, daß ihre Ohren in absehbarer Zeit geschädigt sind. Sie wissen nicht, was sie erwartet. Ebensowenig wie die alleinstehenden Damen, die mit ihren Hunden Gassi gehen.
> Der Gedanke belebte ihn. Er dachte an die Macht, an der er teilhatte. Das Gefühl einer der Auserwählten zu sein. Die über die Kraft verfügten, alte versteinerte Wahrheiten zu Fall zu bringen und ganz neue und unerwartete zu schaffen. [...]
> [...] Das einzige, was dem Ganzen eine Spur von Sinn geben kann, ist das, was ich tue, das Angebot, das ich vor fast zwanzig Jahren bekommen und angenommen habe, ohne zu zögern.
> Er ging weiter, jetzt schneller, weil ihn die Gedanken erregten, die sich in seinem Kopf entwickelten. Er merkte, daß er ungeduldig geworden war. Sie hatten so lange gewartet. Endlich näherten sich dem Augenblick, wo sie ihre unsichtbaren Visiere herunterklappten und ihre große Flutwelle über die Erde hinwegrollen sehen würden.
> [...] Er lächelte als er daran dachte, kicherte.
> Wenn die Menschen wüssten, dachte er. Wenn die Menschen wüssten, was sie erwartete."[57]

Abgesehen von der Heraufbeschwörung alles möglichen Unheils in der Phantasie des Lesers, ist diese Stelle die einzige im Roman, an der man auch in ihrer inhaltlichen Gestaltung eine Bezugnahme zu alten chirstlich-apokalyptischen Traditionen erahnen kann. Das Gefühl der Auserwähltheit, dem wir nach den kryptischen Andeutungen eines bevorstehenden Unheils als erstes begegnen, ist für sich alleine genommen kein Indiz, da es aber im Verband mit

---

[53] Mankell, ²2010 S. 556.
[54] Mankell, ²2010 S. 211.
[55] Koch, 2007 S. 166.
[56] Schröter, 2015 S. 131-132.
[57] Mankell, ²2010 S. 11-12.

anderen Motiven auftaucht, darf man es wohl beruhigt mit einbinden. Auch das Stürzen „*alte*[r[*versteinerte*[r] *Wahrheiten*", das eigene Handeln als einzige Quelle zur Sinnerzeugung und die Metapher der Flutwelle könnten einer säkularen Tradition geschuldet sein. Doch verbindet man all diese Einzelteile mit „*ganz neue und unerwartete* [Wahrheiten] *zu schaffen*", so wird deutlich, dass es sich bei der Sekte in der Konzeption von Mankell nicht um Menschen handelt, die die Zerstörung der Welt/Menschheit beabsichtigen bzw. in Kauf nehmen, sondern um eine Sekte, deren Ziel es ist, das Alte zu zerstören um etwas vollkommen Neues zu errichten. Auch wenn der direkte Bezug im Roman fehlt, und der machthungrige Geltungsdrang Carters und Falks, in Verbindung mit der Überzeugung selbst diesen Neuanfang herbeiführen zu müssen, verfremdend wirken, so ist der Kern des Ganzen, doch die alte Erkenntnis der christlichen Apokalyse, dass zuerst die alte und schlechte Welt untergehen muss bevor die neue und gute Welt hergestellt werden kann.

Dieser Aspekt wird aber nie mehr aufgegriffen. Im letzten Kapitel, das Ermittlungsergebnisse sowie die reflektierenden Gedanken Wallanders beinhaltet, wird der Plan Carters und Falk ganz im Denken der säkularen Apokalyptik gedeutet:

> „*Sie [Carter und Falk] hatten also beschlossen, die Finanzwelt ins Chaos zu stürzen, und die Schlussfolgerung der Ermittler war erschreckend: Es hatte nicht viel gefehlt, und es wäre ihnen gelungen. [...] Experten, die eine vorläufige Prüfung des Programms vorgenommen hatten, mit dem Falk die Systeme hatte infizieren wollen, waren blaß geworden. Die Anfälligkeit der Institutionen, die von Falk und Carter insgeheim miteinander in Serie geschaltet worden waren, hatte sich als schockierend hoch erwiesen. Jetzt arbeiteten verschiedene Expertengruppen weltweit daran, herauszufinden, welchen Effekt die Lawine gehabt hätte, wäre sie ausgelöst worden.*"[58]
>
> „*Man konnte in der makabren Welt, in der Carter und Falk ihre eigenen Götter waren, rituelle und religiöse Untertöne ahnen.*
> *Trotz der Brutalität und des irrwitzigen Übermenschengehabes übersah Wallander indessen nicht, daß Falk und Carter einen wunden Punkt offengelegt hatten.*
> *Die Verwundbarkeit der Gesellschaft, in der sie lebten, war größer, als jemand hatte ahnen können. [...]*
> *An späten Abenden in seiner Wohnung in der Mariagata war er oft Gedanken nachgegangen, die mit der Verwundbarkeit zu tun hatten. Seiner eignen und der der Gesellschaft.*"[59]
>
> „*Daneben ereignete sich eine andere Revolution. Die Revolution der Verwundbarkeit, in der immer mächtigere, doch gleichzeitig immer anfälligere elektronische Knotenpunkte zu Schaltstellen der Gesellschaft wurden. Die Effektivität wuchs um den Preis dessen, daß man sich wehrlos machte gegenüber Kräften, die Sabotage und Terror betrieben.*"[60]

Vor allem durch den vorletzten zitierten Satz wird deutlich, dass nicht nur die Gesellschaft betroffen ist, sondern sich auch Wallander in einer Art persönlichen Apokalypse befindet. Diese persönliche Apokalypse wird durch die Erkenntnis ausgelöst, dass sich die

---

[58] Mankell, ²2010 S. 556-57.
[59] Mankell, ²2010 S. 559.
[60] Mankell, ²2010 S. 560.

Gesellschaft massivst verändert, darum auch ein neuer Typ Polizist gebraucht wird und der Befürchtung, dass er dieser Anforderung nicht gewachsen sein wird.[61] Diese Art der persönlichen Apokalypse wird von Wallander erst überwunden, als ihm seine Tochter Linda mitteilt, dass sie Polizistin werden möchte.[62]

Resümee

Wie schon im Seminar ausgeführt, ist meiner Meinung nach die Systemtheorie nur schwer umsetzbar. Der Erkenntnisgewinn über Literatur ist im Vergleich zu anderen literaturwissenschaftlichen Methoden verschwindend gering, da ein nicht proportionales Maß an Arbeit investiert werden muss, um das System Literatur in seiner realen Existenz und nicht bloß in der persönlichen Imagination des Autors beschreiben zu können.

Die in der Brandmauer enthaltenen apokalyptischen Elemente sind allesamt der säkularen Apokalyptik zuzuordnen, mit Ausnahme der Gedanken Falks, da dieser auch einen Bezug zur neu entstehenden Ordnung herstellt, auch wenn nicht näher definiert wird, wie diese Ordnung aussehen wird.

---

[61] Mankell, ²2010 S. 559-60; 565.
[62] Mankell, ²2010 S. 569-71.

Bibliographie

Alo Allkemper, Norbert Otto Eke: *Literaturwissenschaft*. Paderborn, 2010.

Sabina Becker: *Literatur- und Kulturwissenschaften: Ihre Methoden und Theorien*. Reinbek, 2007.

Wolfgang Braungart: Apokalypse und Utopie, in: Gerhard R. Kaiser : *Poesie der Apokalypse*. Würzburg, 1991 S. 64-102.

dtv hanser: Biographie von Henning Mankell. In: http://www.mankell.de/special/biographie/c-1612 [abgerufen am 3.8.2018].

Gunter E. Grimm, Werner E. Faulstich, Peter Kuon (Hrsgg.): *Apokalypse Weltuntergangsvisionen in der Literatur des 20. Jahrhunderts*. Frankfurt am Main, 1986.

Kirsten Jacobsen: *Mankell über Mankell. Kurt Wallander und der Zustand der Welt*. München, [2]2015.

Anne Koch: Literatur und Religion als Medien einer Sozialethik und –kritik. Ein religionswissenschaftlicher Vergleich der christlichen „Apokalypse" mit Henning Mankells Krimi „Brandmauer". In: *Zeitschrift für Religions- Und Geistesgeschichte*. 59 (2), 2007 S. 155-174.

Georg Langenhorst: Apokalyptische Strömungen in der deutschsprachigen Literatur. in: Gerda Riedl, Manfred Negele, Christian Mazenik (Hrsgg.): *Apokalyptik. Zeitgefühl mit Perspektive?* Paderborn, 2011 S. 227-251.

Jürgen Manemann: Zeit und Frist. Ein Plädoyer für die Not-Wendigkeit apokalyptischen Denkens. In: Gerda Riedl: Vorwort. In: Gerda Riedl, Manfred Negele, Christian Mazenik (Hrsgg.): *Apokalyptik. Zeitgefühl mit Perspektive?* Paderborn, 2011, 63-82.

Henning Mankell: *Die Brandmauer*. München, [2]2010.

Henning Mankell: *Treibsand. Was es heißt ein Mensch zu sein*. München, 2017.

Harro Müller: Systemtheorie / Literaturwissenschaft. In: Klaus-Michael Bogdal (Hrsg.): *Neue Literaturtheorien: Eine Einführung*. Opladen, [2]1997 S. 208-224.

Gerda Riedl: Vorwort. In: Gerda Riedl, Manfred Negele, Christian Mazenik (Hrsgg.): *Apokalyptik. Zeitgefühl mit Perspektive?* Paderborn, 2011.

Martin Scholz: „Ich hatte ein fantastisches Leben". In: https://www.welt.de/kultur/literarischewelt/article147239728/Ich-hatte-ein-fantastisches-Leben.html [abgerufen am 1.8.2018].

Jeanette Schröter: *Religion im schwedischen Kriminalroman: Die Schwedenkrimis von Larsson, Mankell und Nesser*. Marburg, 2015.

Dietrich Schwanitz: *Systemtheorie und Literatur: Ein neues Paradigma*. Opladen, 1991.

Wilhelm Solms: Die Methodologisierung der Literaturwissenschaft: In: Friedrich Nemec, Wilhelm Soms (Hrsgg.): *Literaturwissenschaft heute*. München, 1979 S. 9-50.

Joachim Valentin: Apokalypse. In: Daniel Weidner (Hrsg.): *Handbuch Literatur und Religion*. Stuttgart, 2016, S. 318-322.

Spiegel Online: Henning Mankell ist tot. In: http://www.spiegel.de/kultur/literatur/henning-mankell-ist-tot-a-1056212.html [abgerufen am 1.8.2018].

BEI GRIN MACHT SICH IHR WISSEN BEZAHLT

- Wir veröffentlichen Ihre Hausarbeit, Bachelor- und Masterarbeit

- Ihr eigenes eBook und Buch - weltweit in allen wichtigen Shops

- Verdienen Sie an jedem Verkauf

Jetzt bei www.GRIN.com hochladen und kostenlos publizieren

www.ingramcontent.com/pod-product-compliance
Lightning Source LLC
LaVergne TN
LVHW092103060526
838201LV00047B/1552